Rainer Schulze

Wernigerode

Studio Volker Schadach, Goslar

Impressum:

© 1999 by Studio Volker Schadach
Gutenbergstraße 3
38640 Goslar

Alle Rechte vorbehalten

2. Auflage 1999

Text Rainer Schulze, Wernigerode

Fotos Volker Schadach, Goslar
Regine Schulz, Goslar

Historische Unterlagen Jüttners Verlagsbuchhandlung, Wernigerode

Englisch Dagmar Mönnecke-Koroma, Vienenburg

Layout und Gestaltung Regine Schulz, Goslar
Volker Schadach, Goslar

Lithographie Marholdt Reproduktionstechnik GmbH, Bad Lauterberg

Druck Druck- und Verlagshaus Erfurt seit 1848 GmbH

ISBN 3-928728-46-6

Seite 2: Blick über das Schloß Wernigerode und bis zum Brocken.

Seite 5: Das „Schiefe Haus“ in der Klintgasse begrenzt den Blick über die Marktstraße hinweg zum Schloß.

Seite 7: Die obere Kochstraße, malerisch schief und krumm, aber eine beliebte Wohnadresse.

Page 2: View of the Castle and Wernigerode, the Brocken in the background.

Page 5: The “Schiefe Haus” in the Klintgasse limits the view over the Marktstraße to the Castle.

Page 7: The Obere Kochstraße, pituresque, crooked, but a popular address for the citizens.

Die bunte Stadt am Harz

Langsam steigen die Hügel und Berge des Harzes aus der Ebene auf, überragt vom Brocken. Der mit 1142 Metern höchste Berg des Harzes ist von Norden aus die erste größere Erhebung: das Höchste im Norden, wie der Brockenwirt in seiner Werbung schreibt. Wernigerodes „Hausberg" hat eine unbewaldete Kuppe, sein Klima gleicht dem des Hochgebirges. „Brockenwetter" ist an mehr als 300 Tagen im Jahr – Nebel, Regen, Sturm, Schneetreiben. Wenn es aber einmal klar ist, dann gestattet der Gipfel einen wunderbar weiten Blick über die Welt zu seinen Füßen.

Auf alten Stadtansichten liegt Wernigerode in einer kleinen Senke versteckt, nur die Rauchfahnen der Schornsteine und das Schloß auf dem Agnesberg sind zu sehen. Heute begrüßt die Stadt die Besucher erst einmal mit Neubau- und Gewerbegebieten, die vor allem in den letzten 10 Jahren auf den Äckern und Wiesen entstanden sind und wie eine moderne Stadtmauer wirken. Die mittelalterlichen Stadtmauern wurden ziemlich komplett vor etwa 100 Jahren abgerissen, von den zahlreichen Mauertürmen blieben zwei, von den Eingangstoren blieb nur ein einziger Turm erhalten. Kommt man aus Westen, aus Richtung Ilsenburg, auf Wernigerode zu, dann kann man den Beinamen „Die bunte Stadt am Harz", den Hermann Löns prägte, gut verstehen. Vor dem Hintergrund grüner Wälder und Wiesen leuchten die roten Dächer, durchsetzt mit vielem Grün, dem Besucher entgegen. Es ist ein wirklich malerisches Bild, das von der immer weiter wachsenden Industrie allerdings ein wenig von seiner Idylle verliert.

The colourful city by the Harz

Smoothly hills and mountains of the Harz are rising above the plain, overtopped by the Brocken in the background. With 1142 m the Brocken is the first higher point in the landscape arriving from the North: The highest one in the North of Germany, as the proprietor of the Brocken Inn describes it in his advertising. Wernigerode's "home mountain" has got a treeless summit. Its climate resembles to that one of a high mountain region. There is "Brocken weather" on more of 300 days a year – fog, rain, storm, driving snow. Once there is clear weather, you have got a wonderfully far view over the world to its feet.

The old town views show Wernigerode hidden in a small valley, only the smoke of the high chimneys and the castle on the Agnesberg can be seen. Nowadays, the town welcomes its visitors first of all with new buildings and industrial areas that have been established on fields and meadows during the last 10 years and transmit the impression of a modern fortification. The medieval fortifications had been almost entirely broken down. Of the many flanking towers only two remained. There is only one tower of the town's entrance gates left. Arriving from the West, from direction Ilsenburg towards Wernigerode, one can easily understand why Hermann Löns, characterises Wernigerode being "The colourful city by the Harz". Before the background of the green forests and meadows, red tiled roofs offer a tremendous view that is actually harmed a bit by the permanently growing industry.

Geschichte

Die Gegend um den Harz herum wurde vor über 1000 Jahren besiedelt. Der Hercynische Wald, der vom Rhein bis nach Polen hinein das Land bedeckte, wurde nach und nach gerodet, und die Rodungen, die um diese Zeit entstanden, tragen die Mühen ihrer Gründung in ihren Namen. So auch Wernigerode, das vielleicht die Rodung eines Abtes namens Werni oder Warin gewesen ist. Der Harzrand war für die Ansiedlung ohnehin viel besser geeignet als das Gebirge selbst. In dessen Urwälder mit ihren Klüften, unwegsamen Mooren und hoch aufgetürmten Steinen wagte man sich erst viel später. Der Brocken hatte allerdings schon zu diesen Zeiten eine besondere Bedeutung; wahrscheinlich diente er als Opferstätte, als Heiligtum.

Wernigerodes Gründungsstelle liegt auf einem Hügelchen, einem Klint. Noch heute steht die St. Sylvestrikirche auf einer kleinen Anhöhe. Hier hatte ein Bach, der Zillierbach, ein morastiges Schwemmland gebildet. Die Sage berichtet von einer „Holden Emma", die einem ungeliebten König in der Gegend des Brockens ausgerissen und nach der das Flüßchen benannt wäre. Tatsächlich hat man wohl das Holz, in alter Mundart „dat Holt", mit Hilfe des Bachlaufs ins Tal ge„schwemmt", wenngleich richtig kluge Gelehrte auf das lateinische Silvae amnis (Waldbach) verweisen. Jedenfalls leitete man den Zillierbach um die Ansiedlung herum und nutzte ihn als natürlichen Wassergraben im Zuge der Stadtbefestigung. Nur manchmal trat er über die Ufer, lief durch die Stadt und überschwemmte die Häuser. So baute man erst einmal massive Kel-

History

The region of the Harz Mountains was settled about 100 years ago. The Hercynian Forest that covered the country from the Rhine to Poland had been gradually cleared for cultivation and the rode place that were created at this point of time, carry the efforts of their foundation in their names. So does Wernigerode that may have been the rode place of an abbot called Werni or Warin. The Harz border had been anyhow more suitable for a settlement than the mountains. Man only dared to enter the primeval forests with its gorges, its impassable fens and high towered rocks much later in history. However, the Brocken had got its special meaning in those times; most probably it served as place of sacrifice, as sanctuary.

Wernigerode's foundation place is located on a small hill, a so-called Klint. Yet today, the church of St. Sylvestri is situated on a small height. Here a creek, the Zillierbach, had formed a marshy alluvial land. Legend has it that a "Holde (lovely) Emma" that had escaped from an unloved king in the region of the Brocken. The creek was called after her. Actually, people had drifted the wood, called "dat Holt" in the old dialect, down the valley. Although real smart scholars refer to the Latin Silvae Amnis (forest creek). Anyhow the Zillierbach was derived around the settlement and used as natural moat for the fortifications. Only sometimes, it overflooded its banks, flew through the town and flooded the houses. So massive basements were constructed and the houses made of wood with plaster works and clay walls that could not stand the water so well,

ler und setzte die Holzhäuser mit dem Verputz und der Ausfachung aus Lehm, die das Wasser schlecht vertrugen, obenauf. Das hatte auch den Vorteil, daß das bewegliche Hab und Gut der Bewohner im Falle eines Brandes in den Gewölben geschützt war. Eine durchaus notwendige Vorsichtsmaßnahme, wie die vielen Stadtbrände in Wernigerode in den letzten 500 Jahren zeigen. Die Grafen von Wernigerode bauten wahrscheinlich mehrere Burgen. Auf der Harburg soll sich eine Burganlage befunden haben, bevor die heutige Stelle am Agnesberg gewählt und immer weiter ausgebaut wurde. Die Burgen dienten dem Schutz der Handelswege, die sich, von Norden kommend, über den Harz hinweg nach Thüringen und auch aus den Gebieten im Osten am Harz entlang bis zum Rhein erstreckten. Diesen Handelsstraßen verdankt Wernigerode seine Entstehung. Der Handel war es auch, der die Stadt schnell wachsen ließ, so daß bereits 1229, als das Stadtrecht nach Goslarer Vorbild verliehen wurde, Mauern und Türme die Bürger schützten. Das erschien auch durchaus notwendig, denn die Handelswege waren nicht nur unsicher durch Überfälle der Raubritter, sondern auch wegen wilder Tiere wie Bären und Wölfe, und schlecht ausgebaute, morastige Wege waren es allemal. Auch die Bauern der Umgebung wußten die sicheren Mauern der Stadt zu schätzen, und so bauten sie sich um 1280 im Osten Wernigerodes eine kleine Stadt an, die heute als Neustadt bezeichnet wird. Sie unterscheidet sich von der Altstadt dadurch, daß die Straßen für die Erntewagen breiter und weniger verwinkelt angelegt worden sind. Die Häuser haben breite Toreinfahrten, man lagerte seine

Auf dem Kupferstich um 1800 hat der Maler die Stadt ganz im Tal versteckt, während das Schloß fast wie eine große Festung anmutet.

A copper graving of 1800 shows the town hidden in the valley, while the castle resembles to a mighty fortification.

were put on those. This had the advantage that tangible goods and chattels were protected in the cellars in case of fire. A measure which was very necessary how the many fires in Wernigerode during the last 500 years prove this. Most probably, the counts of Wernigerode built several citadels. People say that there had been a castle construction on the Harburg before the present place at the Agnesberg was chosen and was permanently extended. The castles served as protection of the trade-routes that leaded, coming from the North, passing the Harz Mountains to Thuringia and also coming from regions

Vorräte in den Scheunen und nicht in den Obergeschossen der Wohnhäuser, wie es die Händler in der Altstadt taten.

Die Bevölkerung der Stadt Wernigerode wohnte nach Stand und Profession in verschiedenen Vierteln. Um die St.Sylvestrikirche herum, am Klint, waren die kirchlichen und weltlichen Herren zu Hause, das Kloster Himmelpforte hatte seine Stadthäuser hier, ebenso die Ritter (deshalb hieß die heutige Marktstraße Ritterstraße). Heute noch ist das Haus des Dietrich von Gadenstedt am Oberpfarrkirchhof mit seinem geschnitzten Butzenscheibenerker zu bewundern. Die Handwerker wohnten vor allem in dem Quartier um die heutige Burgstraße herum, die Kochstraße, die Voigtstraße (heute Büchtingenstraße) haben davon ihre Namen. Besser als der heutige Name Unterengengasse offenbarte die Häscher- oder Stadtknechtsgasse den Beruf ihrer Bewohner. Die Kaufleute wohnten wohl in der Breiten Straße, die Häuser haben über dem Wohngeschoß im 1. Stock meist ein Lager im 2. Stock und den charakteristischen Kefferbalken mit der Winde zum Hochziehen der Waren. Im Heideviertel siedelten die armen Leute, die Diener, das Gesinde. Hier waren auch die öffentlichen Bade- und Belustigungshäuser zu finden. Einige der kleinen „Buden" haben die Zeiten – und die Stadtbrände – überdauert. Überhaupt – die Stadtbrände! Es hat oft gebrannt in Wernigerode. Und ist es ein Wunder? Die Dächer waren mit Stroh gedeckt, die Häuser aus Holz, sicherlich reich verziert, wie man es in den Kaiserstädten Quedlinburg und Goslar, in der Handels- und Waffenstadt Osterwieck noch bewundern kann. Als Schornstein diente meist nur ein

of the East and passing along the Harz Mountains, up to the river Rhine. Wernigerode owes its existence to these trade-routes, and actually it was trade that made the town grow so fast. That is why Wernigerode had already got walls and towers in 1229 to protect the citizens, when they were granted the town charter, modeled after the example of the neighboring Goslar. Being protected was a crucial point in those days, because not only the trade-routes were insecure by the attacks of robber-knights but also because of wild animals such as bears and wolfs. Also the routes were muddy and in a bad state. The farmers of the region also estimated the safe walls of the town. This is the reason why they built a small town in the East of Wernigerode at about 1280 that is called Neustadt (new town). It differs from the old town by the streets that were laid out broader and less crooked for the harvest wagons could better pass. The houses have got large entrance gates. Provisions were stocked in the barns and not in the upper stories of the residential premises, as the merchants did it in the old town.

The population of Wernigerode lived in different quarters of the city, according to position and profession. Around the church of St. Sylvestri, at the "Klint" the homes of the ecclesiastical and secular upper class were located, the convent Himmelspforte had got its townhouse there, as well as the knights (that is why the Marktstraße [market] of today was called Ritterstraße [knights]).The house of Dietrich von Gadenstedt, located at the Oberpfarrkirchhof with its oriel that is decorated with richly carved ornaments and bulls'eye window panes.

Ein Kupferstich von Captn. Batty aus dem Jahre 1827.

A copper graving of 1827 by Captn. Batty

Loch in der Decke. Wo es Abzüge gab, waren sie aus Holz, gemauerte Schornsteine waren eher selten. Die Feuerwehr war angewiesen auf Wasser, das in Ledereimern herangeschafft werden mußte; buchstäblich waren das Tropfen auf den berühmten heißen Stein. Immerhin rettete man 1847 das Gothische Haus am Markt und dadurch sicherlich auch das Rathaus vor der Vernichtung.

Um 1528 soll das Feuer in einer Scheune ausgebrochen sein, es hat beinahe die ganze Stadt verwüstet. 1751 loderte ein Feuer um die Liebfrauenkirche herum und legte das ganze Handwerkerviertel in Schutt und Asche. 1847 soll ein Lehrjunge in einer Schmiede am Westerntor schuld an einem Brand gewesen sein. Nach drei Tagen stand zwischen Rathaus und Westerntor

Basically, the artisans lived in the quarter around today's Burgstraße, the Kochstraße (Cook street) and the Voigtstraße (today's Büchtingenstraße, bailiff) have got their names of them. Better than this day's name Unterengenstraße, the former names such as Häschergasse (Catchpole Lane) or Stadtknechtsgasse (City Trooper Lane) disclose the profession of their residents. The merchants had been living in the Breiten Straße. Most of the houses have got above the housing story on the 1st floor a storage on the 2nd floor with the characteristic protuding top beam to allow hoisting goods. Poor people, servants and domestics were living in the Heideviertel (Heather District). Here the visitor could find the public bath and amusement houses. Some among these small so-called "Buden" (Booth) have survived the times – and in particular the fires. After all – the fires in town! There were often fires in Wernigerode. A surprise? No. The roofs were covered with straw, the houses made of wood, certainly richly decorated as we know it from the imperial towns of Quedlinburg and Goslar and of the commercial and weapon-producing city of Osterwieck where we can still admire these houses. A hole in the ceiling served in general as chimney. If outlets were available, they were made of wood, laid bricks were rather seldom. The fire brigades depended on water that had to be carried to the fire in leather buckets; that literally was a drop in the bucket. At least, the Gothische Haus at the Market Place had been saved in 1847 and by doing this, prevented the Town Hall of destruction.

About 1529 a fire should have broken out in a barn, it almost destroyed the entire city. In 1751, a fire was blazing around the Liebfrauenkirche

kaum noch ein Haus, meist ragten nur noch die inzwischen eingeführten, gemauerten Schornsteine aus Schutt und Asche. Erst nach 1848 waren Brandgiebel zwischen den Häusern eingebaut worden, so daß bei einem Brand immer nur zwei bis drei Häuser gefährdet sind. Aber glücklicherweise hat es seitdem keinen großen Stadtbrand mehr gegeben.

So wurde ein Viertel nach dem anderen jeweils modern wieder aufgebaut. Alte Häuser sind selten, die ältesten aus der Mitte des 15. Jahrhunderts stehen im Heideviertel, in der Unterengengasse und am Markt. Immerhin sind aus dem 16. Jahrhundert einige interessante Häuser erhalten geblieben. Das schon erwähnte Haus Gadenstedt am Oberpfarrkirchhof mit seinen außergewöhnlichen Schnitzereien, das Café Wien, das Gothische Haus am Markt…

Nach dem Stadtbrand von 1528 war die Not so groß, daß beschlossen wurde, die Alt- und die Neustadt zu vereinigen. Seitdem zeichnete man als „Rat beider Städte Wernigerode". Bis 1542 wurde das Spielhaus für die Verwaltung zum Rathaus umgebaut, und bis heute wird die Stadt von hier aus regiert.

Die Straßen waren wohl schon früh gepflastert. Das half aber bei Regen kaum, denn alle Abfälle wurden einfach auf die Straße geworfen und sorgten bei Regen für Schlamm und bei Hitze für Gestank. Um dem zu begegnen, trieb man die allesfressenden Schweine durch die Straßen. Große „Springsteine" waren dazu da, bei Regen von einem zum anderen zu springen. Wie die Treffsicherheit bei Nacht oder gar in nicht ganz nüchternem Zustand war, kann man leicht

and turned the complete craftsmen district into a heap of rubble and ashes. In 1847, an apprentice in a forge at the Westerntor was told to be guilty of a fire that caused that almost no houses were left over between Town Hall and Westerntor after three days. In most cases, the meanwhile predicted chimneys laid in bricks were towering ruins and ashes. Only after 1848, fire gables were built between the houses, so that only two or three houses were in danger when one caught fire. Fortunately there has not been any big town fire ever since.

One quarter after the other was rebuilt in the respective modern way. Old houses are rare, the oldest date back to the middle of the 15th century and are located in the Heideviertel at the Unterengengasse and at the Market place. After all, some houses have outlasted. The already mentioned Haus Gadenstedt at the Oberpfarrkirchhof with ist extraordinary carvings, the Café Wien, the Gothische House at the Market Place…

After the great fire of 1528 the misery was as eminent that one decided to unite old and new town. Documents had been signed ever since as "Council of both cities Wernigerode". Until 1442 the Spielhaus (Playhouse) had been reconstructed as town hall for the administration and until this day, the town is governed from here.

The streets had been early paved. But that wasn't helpful in rainy periods, for all rubbish was simply thrown in the streets and caused mud when it was raining and bad smell when it was hot. Omnivorous pigs were driven through the streets to remove the dirt. Big "Springsteine" (spring stones) served for jumping from one to

ahnen. Zum Glück gab es manchmal die schon erwähnten Überschwemmungen. Dann schwoll der kleine Bach, der immer in der Mitte der Straße floß, an und spülte den stinkenden Unrat zum „Klaren Loch“ hinaus. Das war ein Durchfluß durch die Stadtmauer, der mit einem Turm sorgsam gegen äußere Feinde gesichert wurde. Überhaupt müssen unsere Vorfahren Gerüchen gegenüber nicht besonders empfindlich gewesen sein, denn auch die Gerber benutzten z. B. das Wasser des Mühlgrabens für ihr Handwerk – und das in unmittelbarer Nähe des Marktplatzes.

Nach dem Dreißigjährigen Krieg ging es mit dem Reichtum in der Stadt zunehmend bergab. Der Handel kam nur langsam in Gang, die blauen Tuche, eine Haupteinnahmequelle der Bürger, wurden in England billiger hergestellt, die Stadtbevölkerung war durch Krankheiten wie die Pest dezimiert – kurzum, die Stadt verarmte, und die pietistische Glaubenshaltung im 18. Jahrhundert legte auf Verzierungen und Schnörkel des Barock und der Renaissance wenig Wert. So sind die Häuser dieser Zeit beinahe ohne äußere Zierde. Nur die Maurer dachten sich vielfältige Ornamente aus, um die Fachwerke zu schließen. 1697 hielt der Fortschritt mit der ersten Buchdruckerei des Herrn Mertens Einzug, ab 1703 übernahm die Familie Struck für mehr als ein Jahrhundert dieses Handwerk. Mit gräflichem Privilegium wurden Bibeln und Gesangbücher, kirchliche Schriften und Erbauungsbücher in großen Mengen gedruckt. Auch die erste „Wernigeröder Zeitung und Intelligenzblatt“ erschien im Verlag der Strucks, genau 100 Jahre nach Gründung des Betriebes.

another when it was raining. You can imagine that it wasn't easy to hit the stones at night or in a state of being a little drunk. Fortunately there sometimes was the already mentioned inundation. The creek, always running in the middle of the street, swelled and rinsed the stinking rubbish out of town at the “Klaren Loch” (Clear Hole). That was a breakthrough at the town wall that was carefully secured by a tower against external enemies. After all, we can assume today that our ancestors weren't very sensible to smells, for also the tanners used for example the waters of the mill-race for their craft – and that in the very near of the Market Place. Up to the present century the construction of half-timbered houses was crucial for Wernigerode.

After the Thirty Years War life conditions deteriorated progressively. Trade developed slowly, the blue tissues, the citizen's main source of income, were produced much cheaper in England, the population was reduced by epidemics such as the pestilence – in short, the entire town impoverished and the pietistic religion didn't attach great importance to the ornaments and scrolls of the Baroque and Renaissance. Except the masons who invented various ornaments to fill the framework. In 1697 progress came to the town with the first printing office of the Mertens Family, in 1703 the Struck Family took possession of it for more than a century. Bibles and hymn-books, ecclesiastical writings and devotional books were printed in great numbers with the privilege given by the count. Also the first newspaper “Wernigeröder Zeitung und Intelligenzblatt” was edited by the publisher Struck, exactly 100 years after the inauguration of the enterprise.

Der Marktbereich

Auf dem Markt herrschte schon früher ein geschäftiges Treiben. Der Platz war nicht ganz so groß wie heute, denn gegenüber vom Gothischen Haus, auf der anderen Seite, stand das alte Rathaus, das 1528 abbrannte. Daneben befanden sich die Fleischscharren, Stände der Metzger also, die ihre Waren feilboten. Etwa an der Stelle des heutigen Marktbrunnens war der Kaak, der Schandpfahl, an den Diebe und kleine Gauner gebunden wurden, um ihre Strafen zu verbüßen. Der Mühlgraben lief offen über den Markt, in Richtung der Unterengengasse stand das Kornhaus, vor der heutigen Sparkasse, unterhalb des Bürgermeistererkers war die Hauptwache, von wo die Marktmeister und Bewaffneten das Markttreiben überwachten. An allen Häusern am Markt haben wohl sogenannte Wantbuden gestanden, Verkaufsstände, aus denen gehandelt wurde. Im Weinkeller unter dem Speelhus durfte Alkohol ausgeschenkt und mit Würfeln gespielt werden. Nach einigen Überlieferungen trank man normalerweise so lange, bis man sich übergeben mußte, wodurch neuer Platz für weitere Humpen geschaffen wurde... Man darf sich den Marktplatz also durchaus nicht als leise vorstellen.

Die reichen Bürger, die hier wohnten, trugen dem insofern Rechnung, als sie sich ihre Wohn- und Arbeitsräume in sogenannten Kemenaten auf den Höfen erbauten. So waren sie vor dem Lärm

Blick auf das Rathaus mit St. Sylvestrikirche und Harzberge.

Market Place District

All along the Market Place has been the busy center of town. The place hadn't been as large as today because of the other side vis-à-vis to the Town Hall, the old Town Hall was located that had burned down in 1528. At its side the Fleischscharren were located, i.e. the booth of the butchers who offered their goods. The "Kaak" (pillory) where thieves and gangsters were tied to for punishment was situated in the neighborhood of this day's market fountain. The millrace ran openly over the Market place, the Kornhaus (granary) stood in direction to the Unterengengasse, in front of this day's bank Sparkasse, beyond the mayor's oriel was the main guard from where the market-master and armed guards observed the market bustle. At all houses of the Market place so-called "Wantbuden" were attached, booth from which trade was carried on. Alcohol was sold in the 'Speelhus' cellar and dice was allowed. According to history people were drinking as long as they had to vomit to provide new space for the next bumper... You have to imagine the Market as a quite loud place.

Rich citizens living there considered this while building their living and working rooms in so-called Kemenaten in the courtyards. So they were well protected of the market's noise.

Besides, it was an advantage that they hadn't to follow the call of the night-watchman to extinct

View to the Town Hall and St. Sylvestri's Church and the Harz Mountains.

Kreissparkasse
Ratskeller

auf dem Markt gut geschützt. Und das hatte auch noch den Vorteil, daß der Aufruf des Nachtwächters, um 10 Uhr abends das Feuer und das Licht zu löschen, nicht befolgt werden mußte. Es ist anzunehmen, daß man dort auch nicht gerade hungrig und trocken gesessen hat. Tatsächlich haben sich drei solcher Kemenaten im Bereich des Marktes erhalten, und zwei davon können besichtigt werden: Im „Gothischen Haus" ist die Fassade integriert, und auf dem Hof des „Ratscafés" in der Marktstraße ist die prächtige, geschnitzte Kemenate des Bürgermeisters Thomas Schütze und seiner Frau Anna Plathner von 1556 komplett zu sehen.

Als um 1430 der letzte Wernigeröder Graf ohne Nachkommen blieb, schenkte er der inzwischen reich und unabhängig gewordenen Bürgerschaft der Stadt das „Spielhaus" auf dem Weinkeller. Das war mehr als nur ein Haus, denn damit waren Rechte verbunden: das Ausschenken von Bier, das Würfelspiel und – nicht zuletzt – ein Teil der Gerichtsbarkeit, die bisher dem Grafen vorbehalten gewesen war. Das massive Gebäude diente nun städtischen Zwecken, es wurde darin gefeiert und Gericht gehalten. Da es jedoch recht unscheinbar aussah, beauftragte der Stadtrat den Zimmermann Thomas Hilleborch, der in der Westernstraße wohnte, es mit einem Fachwerkgeschoß aufzustocken. Hilleborch verzierte die Fassade mit zwei Türmchen, setzte ein mächtiges Walmdach darauf und konstruierte einen großen freitragenden Saal. Als ein Stadtbrand 1528 das Rathaus zerstörte, erwog man einen Neubau anstelle des heutigen „Gothischen Hauses". Der kam aus Geldmangel nicht zustande. Zum Glück kaufte ein reicher Bürger, Curio Reiffenstein, das desolate „Grote hus am Markt" und

the fires and lights at 10 o'clock at night. Probably, one has to assume that people were sitting there not hungry and under cover. Actually, three of such Kemenates have remained within the market district ,and two of those can be visited: At the "Gothische Haus" it is integrated in the facade, and at the "Ratscafé" in the Marktstraße the gorgeous, carved Kemenate of Mayor Schütze and his wife Anna Plather of 1556 can be seen.

When at about 1430 the last Count of Wernigerode remained without offspring, he presented the "Spielhaus" (Playhouse) on the wine cave to the citizens who had meanwhile become rich and independent. That was more than just a house because certain rights were lied to its possession: Retailing beer, dicing and – not least – a part of jurisdiction that had been reserved for the Count. For it was looking quite insignificant the town council charged the carpenter Thomas Hilleborch who lived in the Westerntorstraße, to put a half-timbered story on it. Hilleborch decorated the facade with two oriels, put a mighty hipped roof on it and constructed a large cantilevered hall. When the great fire in 1528 destroyed the Town Hall the people of Wernigerode considered a new construction instead of this day's "Gothisches Haus". But that wasn't built caused by lack of money.

Fortunately, a rich citizen, Curio Reiffenstein bought the desolate "Grote hus am Markt" (large house at the market) and reconstructed it with luxurious ornaments as his residential building.

The Spielhaus had been rebuild by Simon Hilleborch, Thomas' son, to be the Town Hall. For this

baute es mit üppiger Verzierung zu seinem Wohnhaus aus. Das Spielhaus wurde von Simon Hilleborch, Thomas' Sohn, zum Rathaus umgebaut. Dazu erwarb man das Schierstedtsche Kaufmannshaus am Klint, das mit dem Rathaus verbunden wurde.

Früher war seitlich am Klint auch der Eingang zum Festsaal. Die ganze Westseite des Baues erhielt Verzierungen, die Balken endeten in Masken (angeblich waren es die Ratsherren, die karikierend dargestellt wurden), Heiligenfiguren und Figuren der Maienkönigin, des Narren, des Soldaten und weiterer Allegorien – möglicherweise dem 1945 zerstörten Rathaus von Halberstadt nachempfunden. Man merkt eigentlich erst bei näherem Hinsehen, daß die Sparkasse ein Neubau ist. 1936 bis 1939 wurde sie im Zuge der Restaurierung angebaut. Der Bürgermeistererker aus der Renaissance, der ihn schmückt, ist auch wirklich alt. Er stand früher neben dem Rathaus auf dem Markt. Jetzt gibt er dem ganzen Gebäude etwas von seiner Würde ab.

Noch einige Worte zu den anderen Häusern am Markt. Das Hotel „Gothisches Haus“ gibt es seit 1848, die „gotischen“ Fensterbögen setzte man um 1860 ein. 1990 konnte das ehrgeizige Projekt eines modernen Hotels nur um den Preis des Abrisses mehrerer alter Häuser erreicht werden, deren Neubauten sich jedoch dem übrigen Markt recht harmonisch unterordnen. Das älteste erhaltene Hotel in Wernigerode ist aber der „Weiße Hirsch“, 1761 als Pfeiferscher Gasthof gegründet und nach dem Stadtbrand von 1847 neu errichtet. Der Marktbrunnen, Wohltäterbrunnen genannt, wurde 1848 in Ilsenburg gegossen; auf den Plaketten sind Bürger verewigt, die für die Stadt etwas Gutes bewirkt haben.

purpose the adjoining Schierstedt'sche Haus at the Klint was bought and connected to the Town Hall.

In former times the entrance to the banqueting hall was also located at the side of the Klint. The entire west side of the building obtained decorations, the beams ended in masks (they are reported to be the senators as caricatures), figures of saints and figures of the Marienkönigin, of foolish men, of soldiers and other allegories – probably in some kind copies of the Town Hall of Halberstadt destroyed in 1945. Looking twice the visitor will remark that the Sparkasse (bank) is a new construction. It had been added during restoration from 1936 to 1939. The mayor's oriel that is attached to it, actually dates back to Renaissance. It used to stand beside the Town Hall on the Market Place. Now it supports the complete building with its dignity. Some words to the other buildings at the Market Place. The Hotel "Gothisches Haus" has been existing since 1848, in 1860 the "gothic" relieving arches were set in. In 1990 the ambitious project of a modern hotel could be only realized because some of the old houses were torn down – a high price. Its new construction however fits quite harmonically to the rest of the Market Place.

The oldest preserved hotel of Wernigerode is the "Weißer Hirsch", founded in 1761 as Pfeiferscher Gasthof (inn) and reconstructed after the great fire of 1847. The market fountain called Wohltäterbrunnen (benefactor's fountain) was casted in Ilsenburg in 1848; it bears plaques on which the benefactors of the town are named.

Die Masken der Balkenköpfe des Rathauses könnten spöttische Porträts der Ratsherren sein. Was müssen das für Bauherren gewesen sein, die sich so etwas gefallen ließen?

The Town Hall's masks at the beam heads could be satirical portraits of the senators. Of what kind must have been the building owners who could stand this?

Der Marktbrunnen wurde 1848 in der Ilsenburger Eisengießerei gegossen. Nur wenige Jahre jünger ist der imposante Bau des Hotels „Weißer Hirsch“.

The Marktbrunnen was casted at the Ilsenburger Eisengießerei in 1848. The impressive building of the Hotel “Weißer Hirsch” is only a few years younger.

Hotel Weißer Hirsch

Am Hotel „Gothisches Haus" befinden sich zwei Tafeln: Die rechte erinnert daran, daß 1847 der große Stadtbrand hier zum Stehen gebracht werden konnte, und links wird des Besuches von Philipp Melanchton 1547 in diesem Haus gedacht.

There are two plates at the Hotel "Gothisches Haus": The right one reminds of the great fire in 1847 that was stopped there, and the left one is dedicated to Philipp Melanchton who stayed in this house in 1547.

Überall in der Innenstadt kann man sich an schönen Tagen auf der Straße gemächlich den Fußgängerstrom betrachtend, an leckerem Eis oder herzhaftem Essen gütlich tun.

Everywhere in the center cafés and restaurants invite for a pleasant stay with tasty ice-cream and regional and international food.

Das „Schiefe Haus“ ist eine Mühle, deren Grundmauern vom Mühlgraben unterspült wurden. So hat es sich nach einer Seite geneigt, steht aber trotzdem seit mehr als 300 Jahren.

Die „Bimmelbahn“ bringt die Besucher vom Markt zum Schloß.

The “Schiefe Haus” is a mill whose foundation walls were hollowed out by the mill-race. That is why it leans to one side, however it is standing for more that 300 years.

The “Bimmelbahn” transports the visitors from the Market Place to the Castle.

Kirchen

Hinter dem Rathaus und der Klintgasse mit dem „Schiefen Haus", einer alten Walkmühle der Tuchmacher, liegt die St. Sylvestrikirche. Daß sie die älteste Kirche der Stadt ist, sieht man ihr kaum noch an, denn sie ist viele Male umgebaut und verändert worden.

Erst gegen Ende des 19. Jahrhunderts trug man den alten großen Turm, der die Bibliothek beherbergt hatte, ab und ließ den Turm ganz neu errichten. Die romanischen Bögen und Fenster des Hauptschiffes wurden gotisch spitz verändert. Sehenswert der aus dem Kloster Himmelpforte stammende Altar, eine wunderbare Schnitzarbeit aus dem 15. Jahrhundert, zwei gotische Schränke und einige Grabplatten. Hörenswert ist die Barock-Orgel, die vor Jahren aus der Danstedter Dorfkirche hierher gebracht wurde.

Die Liebfrauenkirche in der Burgstraße erlitt das Schicksal des ganzen Viertels: 1751 brannte sie ab, und die Reste mußten abgetragen werden. Lediglich die beiden romanischen sechseckigen Türme hatten den Brand überstanden, obwohl die Hitze die Glocken in ihnen geschmolzen hatte. Sie wurden mühselig und unter großen Kosten abgetragen. Geld für neue Türme war nicht da, und so wurde die Kirche nach 1751 ohne Turm errichtet. Die neuerbaute Kirche erhielt eine barocke Innenausstattung aus Holz, die noch heute bis ins Detail erhalten ist. Der Kanzelaltar, die Loge der Grafen und die umlaufenden Logen für die wohlhabenden Familien sind heute noch mit bleiverglasten Schiebefenstern verschlossen. Noch immer stehen die

Churches

Behind the Town Hall and the Klintgasse with the "Schiefe Haus", an old milling site of the tissue makers, the Church of St. Sylvestri is located. You cannot remark at first sight that it is the oldest church in town because it has been rebuilt and modified many times.

By the end of the 19. Century the old high tower that accommodated the library was torn down and completely re-erected. The Romanic arches and the window of the central nave were modified in a more Gothic style. The altar originating from the monastery Himmelpforte, a wonderful carving work from the 15th Century, two gothic oak cabinets and some burial plates are worth to see. It's a must to listen to the Baroque organ that has been brought here from the village church of Danstedt.

The Liebfrauenkirche in the Burgstraße suffered of the same fate as the entire district: in 1751 it burnt down and the rest had to be pulled down. Only two of the Romanic hexagonal towers have outlasted the fire although the bells melted in the heat. It was very hard and expensive to pull them down. There was no money for new towers, that is why the new church was built without tower after 1751. The new-built church obtained a wooden interior that has been preserved in detail. The pulpit altar, the box of the counts, and the surrounding boxes for the wealthy families are still today closed with bulls' eye window panes. The names of the old renown families are marked on the banks marking the place for the service on Sundays.

Namen der alteingesessenen Familien an den Bänken, den Stammplatz der sonntäglichen Andacht markierend. Der Turm wurde erst zu Beginn des 20. Jahrhunderts angebaut.

Die kleine Theobaldi-Kapelle in Nöschenrode war eine Stiftung der Grafen von Wernigerode wahrscheinlich aus dem 13. Jahrhundert. Ein wunderbarer Altar aus dem 15. Jahrhundert und die Innenausstattung aus der Renaissance machen sie zu einem besonderen Kleinod.

Die Johanniskirche in der Neustadt hat einen romanischen Wehrturm. Dick, behäbig und wehrhaft, stammt er aus dem 13. Jahrhundert, das gotische Kirchenschiff erhielt gegen Ende des 19. Jahrhunderts sein hölzernes Tonnengewölbe. Der kostbare geschnitzte Marienaltar aus dem 15. Jahrhundert hat eine etwas kuriose Geschichte: An beiden Seiten trägt er doppelte Tafeln aus dem Leben Jesu, u. a. mit einer Beschneidungsszene. Diese wurden von prüden Zeitgenossen im vorigen Jahrhundert zusammengeschraubt und dadurch den Blicken entzogen. Erst kürzlich bei der Restaurierung des Altars hat man sie wiederentdeckt.

Einen schönen Klang hat die Ladegast-Orgel von 1885, die kürzlich ebenfalls restauriert wurde und die Zeiten beinahe unverändert überstanden hat. Gegen 1880 riß man die Nikolaikirche, das Gotteshaus der Händler Wernigerodes, ab. Von ihrer Existenz kündet nur noch der Nikolaiplatz. Zu jener Zeit baute man gerade am Großen Bleek eine neue Kirche. In diese, Kreuzkirche genannt, wurde die Kanzel der Nikolaikirche aus dem 16. Jahrhundert übernommen; dem Schnitzaltar begegneten wir bereits in der St. Sylvestrikirche.

The small St. Theobaldikapelle at Nöschenrode was a donation of the Counts of Wernigerode, most probably from the 13th Century. A wonderful altar from the 15th Century and the interior equipment from the Renaissance make it a special treasure.

The St. Johanniskirche in the Neustadt has got a Romanic tower. Big, mighty and protective, it dates back to the 13th Century. The Gothic nave obtained its wooden annular vault at the end of the 19th Century. The precious carved Lady's Altar has got a somewhat strange history: It carries double plates with scenes of Jesus' life at its sides, for example a circumcision scene. That is why the plates were screwed together by puritans in the last century to hide it from the looks of church visitors. They were re-discovered only recently while restoring the altar.

The Ladegast-organ of 1885 which has been restored also recently, has got a beautiful sound and has outlasted the times without being harmed. By 1880 the St. Nikolaikirche, the church of the merchants was pulled down. The Nikolai Place tells us of its existence. In those times a new church was being built at the Großen Beek. This one, called Kreuzkirche, got the pulpit of the St. Nikolaikirche from the 16th Century; the carved altar is now located in the Church of St. Sylvestri, as we know already.

Der Oberpfarrkirchhof, die Begräbnisstätte der St. Sylvestrigemeinde, ist um 1870 zu klein geworden, und man hat ihn vor die Stadt verlegt. So ist um die Kirche herum ein kleiner Park entstanden, der noch ein wenig von der Ruhe und dem Flair des ehemaligen Friedhofs bewahrt hat.

The Oberpfarrkirchhof, the cemetery of the community of St. Sylvestri became too small by 1870 and was removed before the town. That is why a small park around the church was created. It transmits the calm atmosphere of the former cemetery.

Der Altar der St. Sylvestrikirche hat eine wechselvolle Geschichte. Er stammt aus dem im Bauernkrieg zerstörten Kloster Himmelpforte, gelangte von dort in die Nikolaikirche, und als diese abgerissen wurde, nahm ihn die große Pfarrkirche St. Sylvestri auf.

The altar of the Church of St. Sylvestri has had an eventful history. It originally came from the monastery Himmelpforte that was destroyed during the Peasants' War, was brought from there to the Nikolai Church and when this one was torn down, it found its home in the Church of St. Sylvestri.

Von 1750 bis 1891 hatte die Liebfrauenkirche keinen richtigen Turm. Nur ein provisorisches Holzbauwerk trug die Glocken und war 1890 so morsch, daß es abgerissen werden mußte. Erst 1891 konnte sich die Gemeinde mit viel Unterstützung diesen neuen Kirchturm leisten.

Um 1925 stattete man die Liebfrauenkirche mit großen neuen Glasfenstern aus.

From 1750 to 1891 the Liebfrauenkirche hadn't any tower. Only a provisional wooden construction carried the bells and was so rotten that it had to be pulled down. Only in 1891 the community could afford the new church tower.

By 1925 the Liebfrauenkirche was provided with large new glass windows.

Die St. Theobaldi-Kapelle ist voller Sehenswürdigkeiten aus mehreren Jahrhunderten. Der Altar ist eine Schnitzarbeit aus dem 15. Jahrhundert, die reichhaltigen Malereien an den Emporen stifteten die Bürger von Nöschenrode im 16. Jahrhundert, und aus derselben Zeit stammen wohl auch die geschnitzte Kanzel mit der Sanduhr und viele weitere Ausstattungsstücke.

The chapel of St. Theobaldi is full of things worth seeing. The altar of the 15th Century is richly carved, the copious paintings at the galleries were donated by the citizens of Nöschenrode in the 16th Century and the carved pulpit with the sandglass and many other decorations most probably date back to the same time.

Die St. Johanniskirche der Neustadt mit ihrem Wehrturm und der Eingangshalle mit den eisenbeschlagenen Eingangstüren.

Rechts: Der Marienaltar in seiner reichen Vergoldung.

The St. Johanniskirche of the Neustadt with its fortified tower and the entrance hall with the gates that are covered with iron works.

Right: The Lady's Altar with its rich gold plating.

Fachwerk

Holz war ein billiger Baustoff und früher reichlich vorhanden. So wurden in Wernigerode beinahe nur Fachwerkhäuser errichtet. Wegen der vielen Stadtbrände hat Wernigerode Fachwerkhäuser aus mehr als 500 Jahren zu bieten, wenn auch so imposante Beispiele wie in Goslar, Osterwieck oder Quedlinburg kaum zu finden sind. Immerhin ist das älteste Wohnhaus der Stadt, ein einfacher Ständerbau, um 1400 in der Hinterstraße erbaut.

Bei einer solchen Konstruktion werden die Deckenbalken der 1. Etage einfach in die senkrechten Balken, die Ständer, die auch das Dach tragen, eingezapft. Wenig später wurde der Geschoßbau erfunden; die einzelnen Stockwerke werden durch eigene Schwellen zusammengehalten und getragen. Damit begann im 16. Jahrhundert auch die Zeit der reichen Verzierungen an den Häusern. Aus dem 16. Jahrhundert stammen die verzierten Teile des Rathauses, die „Remise“ in der Unterengengasse, eine „Kemenate“ (das prunkvolle Wohn- und Arbeitszimmer eines Bürgermeisters auf dem Hof der Marktstraße 3), die oberen Teile des Café Wien oder auch das Haus Gadenstedt am Oberpfarrkirchhof. Die reichen Schnitzereien stellen symbolische Motive dar, die Sonnenrosette, den Drudenfuß, Hexagramme, Pentagramme, die schmücken und vor bösen Geistern schützen sollten. In die Balkenköpfe schnitzen die Zimmerleute Rollen, die Windbretter wurden zu sogenannten Schiffskehlen ausgearbeitet. Später entwickelten sich Fachwerkornamente: Gekreuzte Rauten, Andreaskreuze oder Wilde Männer lockerten die Ansichten der Fassaden

Half-timbered Houses

In former times, wood was a cheap construction material and was available everywhere. This resulted in the construction of exclusively half-timbered houses in Wernigerode. As a consequence of the many great fires, Wernigerode offers quite a choice of half-timbered houses of a period of 500 years, even if such impressive examples as those in Goslar, Osterwieck and Quedlinburg are hardly to find. After all, the oldest house in town is a simple stud type construction from about 1400 located in the Hinterstraße.

For such a construction the ceiling beams of the first floor are simply mortised into the vertical beams, the studs that also carry the roof. Only some time later the construction of several stories had been invented, the single stories are kept together and carried by own sill plates. In those times people started to decorate their houses with rich ornaments. The ornamental parts of the Town Hall, called the “Remise”, date back to the 16th century. So do those of the “Kemenate” (a mayor’s gorgeous living room and office in the courtyard of Marktstraße 3), the upper parts of the Café Wien or the Haus Gnadenstedt at the Oberpfarrkirchhof as well. The rich carvings are composed of symbolic motives, the rosette designs, the pentagrams and hexagrams, that decorate and protect from bad ghosts. Carpenters carved rollers, the the beam heads were made like “ship mouldings”. Later Ornaments in the half-timber works were developed: Crossed rhombuses St.Andrew’s crosses or Wild Men embellished the facades. Influences of the Franconian way of half-timbe-

auf. Einflüsse aus dem fränkischen Fachwerkbau kamen sicher durch wandernde Handwerksgesellen in die Stadt. Henricus Krummel, ein reicher Kaufmann aus Berlin, baute 1674 in der Breiten Straße sein Wohn- und Geschäftshaus und ließ die ganze Fassade mit geschnitzten Bildern schmücken. Es waren Kopien von Kupferstichen: Stadtansichten, fremde Erdteile, allegorische Figuren. Nur wenige Häuser in Deutschland wurden so kostbar verziert. In Wernigerode bleibt diese Fassade exotisch und ein wenig fremd.

Gegenüber erinnern die Masken der Balkenköpfe an den Karneval in Venedig. Was hat sich der Auftraggeber wohl dabei gedacht? Und welcher Bauherr heutiger Tage käme auf die Idee, soviel moderne Kunst an seinem Haus zuzulassen? Da wünschte man sich, moderne Architekten würden sich etwas abgucken… Im 18. und 19. Jahrhundert wurde die Gestaltung der Häuser immer einfacher. Geldmangel und pietistische Glaubenshaltung brachten glatte Fassaden hervor. Allerdings mauerte man die Fächer mit Ornamenten aus Ziegelsteinen aus, um wenigstens einen bescheidenen Schmuck an der Fassade zu haben. Auch die bunte Bemalung wurde eingespart, und als Goethe 1777 nach Wernigerode kam, empfand er die Stadt als sehr schmutzig, sehr ärmlich, sehr heruntergekommen und wenig anziehend. Zum Glück hat sich das vor rund 100 Jahren geändert: Fremdenverkehr und bescheidener Wohlstand haben's möglich gemacht. Heute sind die meisten Häuser bunt bemalt, die Haustüren prächtig, gelegentlich sogar mehr als 200 Jahre alt, manchmal findet man noch die alten Schiebefenster mit den Butzenscheiben.

red construction were brought to the town by travelling craftsmen. Henricus Krummel, a rich tradesman from Berlin, built his house that served as his home and his business premise at the same time, in 1674 and had the entire facade decorated with carved pictures. There were copies of copper engravings: town views, foreign continents, allegoric figures. Only very few houses in Germany were decorated in such a precious way. Located in Wernigerode this facade seems to be too exotic and strange.

Vis-à-vis the masks of the beam heads remind of the carnival of Venice. What were the thoughts of the orderer? And which building owner of nowadays would have the idea to allow such a lot of modern art at his house? In this case we hope modern architects would try to copy this… During the 18th and 19th Century the design of the houses became more and more simple. Lack of money and pietistic religion created plain facades. However, the framework was laid in ornaments of bricks to obtain at least a modest adornment. Also the colourful paintings were economized and when Goethe came to Wernigerode in 1777, he found the city very poor, very shabby and little attractive. Fortunately that was changed about 100 years ago. This was rendered possible by tourism and modest wealth. Today most of the houses are painted with beautiful colours, the entrance doors splendid, now and then more than 200 years old, sometimes you will still find the old bulls' eye window panes.

*Seiten 36/37:
Die Grüne Straße in der Neustadt bietet ein abwechslungsreiches Bild unterschiedlicher Fachwerkhäuser.*

The Grüne Straße in the Neustadt offers a view to divers half-timbered houses.

Das kleinste Haus der Stadt Wernigerode. Es sieht wie eine Puppenstube aus, eingezwängt von seinen Nachbarn. Früher war es wohl keine Sehenswürdigkeit; vielmehr wohnte hier sehr beengt eine Familie mit mehreren Kindern.

Seite 39: Schmucklos ist das „Älteste Wohnhaus“ in der Hinterstraße, dessen Besitzer wohl immer zu arm waren, um – wie ihre Nachbarn – verzierte „neue Häuser“ statt der alten „Bude“ zu bauen. So ist es uns erhalten geblieben.

The smallest house of Wernigerode. It looks like a doll's house, squeezed in by its neighbours. In former times it wasn't an attraction; on the contrary, a family with several children lived here under restrained conditions.

Page 39: The "Oldest House" in the Hinterstraße hasn't got any decoration, its owners were probably too poor to build decorated houses – as their neighbours did – instead of the old "hut". This way it has outlasted.

50

Das Krummelsche Haus mit seiner geschnitzten Fassade von 1674 nach dem Umbau von 1875. Die Schnitzerei reichte früher nicht bis ins Erdgeschoß, den Laden hat erst der Kaufmann Gerlitz ausgebaut, der dann auch die Schnitzerei ergänzen ließ.

Rechts: Dietrich von Gadenstedt, der Stadthauptmann, schmückte sein Haus 1582 mit dem reich verzierten Erker, in dem die alten bleiverglasten Schiebefenster noch erhalten sind.

The Krummelsche Haus with its carved facade of 1674 after the restoration of 1857. The carving did not reach the ground floor in former times, the shop was installed by the merchant Gerlitz who also had the carvings completed.

Right: Dietrich von Gnadenstedt, the Stadthauptmann, decorated his house with a richly carved oriel in which the old bulls' eye window panes have been preserved.

HAUS

Wie mögen wohl die beiden unteren Stockwerke des Café Wien vor dem Umbau ausgesehen haben? Wahrscheinlich genauso verspielt und bunt bemalt wie das erhaltene Obergeschoß und der Dacherker von 1583. Für ihren Verlust entschädigt den Besucher das alte Wiener Kaffeehaus im Inneren mit seiner seidenen Tapete, den vielen Spiegeln und – die freundliche Wirtin.

How might have looked the lower stories of the Café Wien before their restoration? Most probably as playful? And nicely painted as the preserved upper storey and the roof oriel of 1583. The visitor is recompensed the old café in Vienna style with its silken tapestry, the many mirrors and – the friendly proprietress.

Die Krellsche Schmiede in der Breiten Straße wurde als Schmiede gebaut und bis vor wenigen Jahren als solche genutzt.

The Krellsche Schmiede in the Breite Straße had been built as a forge and was used as such until some few years back.

Von der Großen Bergstraße gesehen, thront das Schloß selbstbewußt auf seinem Berg.

Rechts: Nach dem letzten großen Stadtbrand von 1848 sind die Straßen im Heideviertel begradigt und verbreitert worden. Dennoch waren die Leute, die hier wohnten, früher die Armen, die Bediensteten und Tagelöhner.

View from the Große Bergstraße: The Castle is towering the city.

Right: After the last great fire of 1848 the streets of the Heideviertel were straigthened and broadened. However, the people that used to live here, were the poor, the servants and the day-labourers.

Eis

Einige der alten Haustüren haben dem Fortschritt widerstanden.

Some of the old front doors have resisted to progress.

Ein klassischer Postkarten-Blick: das Schloß mit der Schönen Ecke.

A classic postcard view: The Castle with the Schöne Ecke.

Harzquerbahn

Gegen Ende des 19. Jahrhunderts wurden die Bahnen in den Harz hinein gebaut, die Brockenbahn als letztes Teilstück 1899 eröffnet. Noch heute schnaufen einige originale Mallet-Dampflokomotiven auf die Berge hinauf.

Neben der Brockenstrecke, die von Touristen am meisten benutzt wird, gibt es noch die Harzquerbahn von Wernigerode nach Nordhausen und die Selketalbahn von Gernrode nach Hasselfelde. Während auf der Brockenstrecke an Wochenenden beinahe stündlich Züge verkehren, ist die Selketalbahn eher beschaulich. Dennoch ist es ein einzigartiges Erlebnis, gemächlich mit zwanzig bis dreißig Kilometern in der Stunde an den Hängen entlang und über Täler hinweg in den Harz zu fahren. War es vor 100 Jahren noch ein technisches Wunderwerk, ohne Zahnradbahn den Brocken zu erreichen, so fasziniert heute noch mehr das Erlebnis der ursprünglichen Natur links und rechts der Bahnstrecke. Und natürlich stoßen zuweilen unvermeidlich die Interessen der Umweltschützer und des Nationalparks mit denen der Harzquerbahn zusammen. Bisher gab es allerdings immer Kompromisse von beiden Seiten. Und eine Attraktion ist die alte Dampfbahn allemal, wo gibt es schon 135 km Schmalspurstreckennetz, das regelmäßig befahren und erhalten wird? Für Eisenbahnfans wird es in Wernigerode demnächst ein Museum mit alten Lokomotiven, Wagen und anderen Sehenswürdigkeiten geben.

Die Harzquer- und Brockenbahn fährt noch heute mit Dampf in den Harz.

The Harzquerbahn

By the end of the 19th Century the railways were built into the Harz Mountains, the Brockenbahn was inaugurated as last partial section in 1899. Even today some original Mallet-steam trains are chugging up the mountains.

Beside the Brockenbahn, the partial section that is mostly frequented by tourists, there is still the Harzquerbahn from Wernigerode to Nordhausen and the Selketalbahn from Gernrode to Hasselfelde. While the trains at the Brocken track leave almost hourly on weekends, the Selketalbahn is a more tranquil one. However, it is a unique experience to ride in a train with 20 or 30 kilometres per hour along the slopes and over the valleys in the Harz Mountains. If it was a technical miracle some hundred years ago to reach the Brocken without cogwheel railway, we are nowadays more fascinated by experiencing the untouched nature left and right hand to the railway track. Of course, the interests of environmentalists and the National Park collide with those of the Harzquerbahn. So far compromises were agreed upon by both parties. The old steam train is always an attraction, where can you find a narrow gauge net that is driven and preserved on a regular basis? A museum for railway fans with old locomotives, wagons and other attraction will open soon in Wernigerode.

The Harzquerbahn that runs in the Harz Mountains is still operated by steam.

99 7235-7

Stadtbefestigung

1129 erhielt Wernigerode das Stadtrecht nach Goslarar Vorbild. Da hatte die Stadt bereits Mauern und Türme. Von den mehr als dreißig Mauertürmen, den Mauern und den Stadttoren ist kaum etwas übrig geblieben. So können wir heute nur noch wenige Reste bewundern. Im Vorwerk unterhalb des Schlosses sind zwei Schalentürme und ein Teil der Stadtmauer erhalten. Die Schalentürme sind Erfindungen der Festungsbaumeister des Mittelalters: nach außen hin rund mit kleinen Öffnungen, den Schießscharten, während in ihnen kein eventuell eingedrungener Feind Schutz gefunden hätte. Der Westerntorturm ist ein Rest der Torsicherung im Westen der Stadt. Er war im Mittelalter Wohnung eines Wachpostens. Er ist ein etwas finsterer Geselle, der aber den Auto- und Schwerlastverkehr seiner dicken Mauern wegen offenbar geduldig und schadlos erträgt, obwohl er kein Fundament besitzt.

Die Flutrenne (auch Zillierbach genannt), ein Flüßchen, das das Mühlental herabfließt, wurde um die Stadt herumgeleitet und bildete einen natürlichen Wassergraben zum Schutz der Stadtmauern. Im Falle der Gefahr mußten diese von den Bewohnern des jeweiligen Stadtteils verteidigt werden. Dazu gab es enge Gäßchen durch die Häuser hindurch, damit man die Mauern schnell erreichen konnte. Eine solche Gasse ist am Oberpfarrkirchhof erhalten; sie wird im Volksmund Veilchengasse genannt, tatsächlich duftet sie jedoch oft nach etwas anderem.

Der Turm des Westerntors bewacht seit über 700 Jahren den westlichen Stadteingang.

Fortifications

In 1229 Wernigerode obtained the town charter according to the example of Goslar. Already then the town disposed of walls and towers. Of the more than 30 wall towers, the walls and the gates nearly nothing has outlasted. That is why we can only admire some few rests. At the outwork beyond the castle two flanking towers and a part of the town wall are preserved. The flanking towers are inventions of the Middle Age's fortification builders: from the outside rounded with small openings, the loopholes, while inside of them, an eventually broken in enemy could not have found protection. The Westerntorturm is the rest of a gate protecting installation in the West of the town. In Middle Age it accommodated the guard. It's some kind of quiet building that however resists easily to the strains of motor traffic and its appearances although it hasn't got a foundation.

The Flutrenne (also called Zillierbach), a creek that runs down the Mühlental was been derived around the town and formed a natural moat to protect the town walls. In case of danger the citizens had to be defended by the population of the respective district. For this purpose narrow passages leaded through the houses in order to reach the wall in a short time. Such a passage has outlasted at the Oberpfarrkirchhof; people kindly call it Veilchengasse (Violet passage), but actually it often smelled of something else.

The tower of the Westerntor has been protecting the western entrance gate for more than 700 years.

Allianz

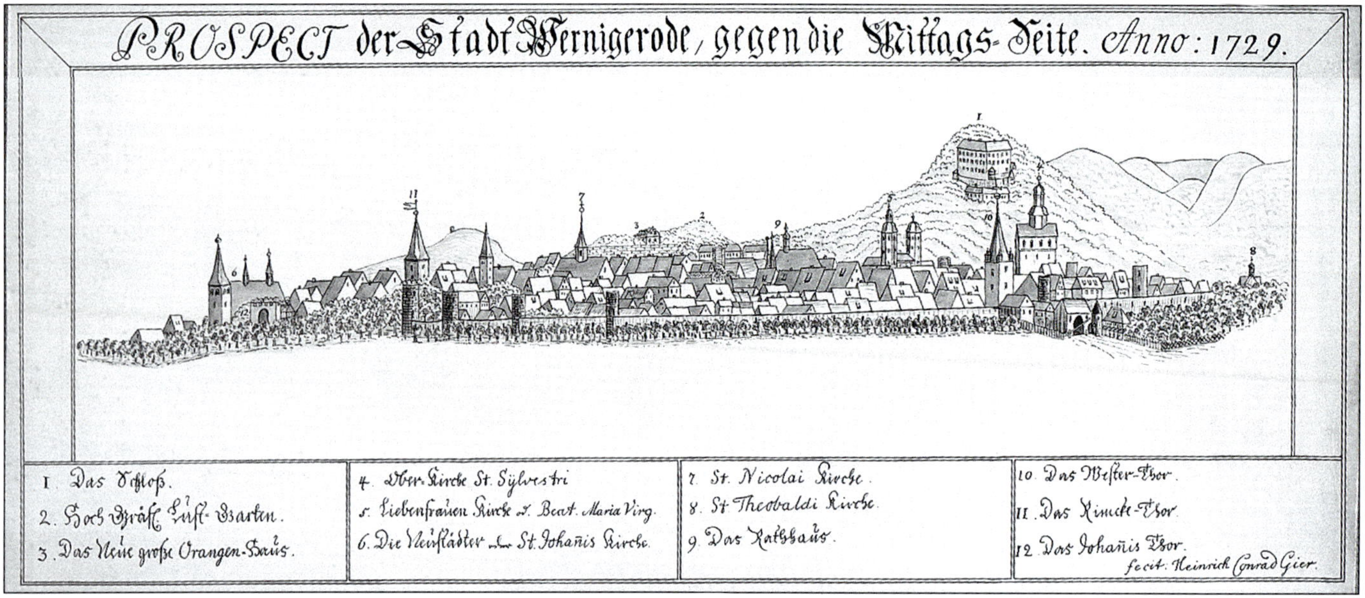

Oben: Die gezeichnete Stadtansicht vom Stadtschreiber Heinrich Conrad Gier anno 1729.

Links: Der Dullenturm stand mitten auf der Straße – so mußte er leider dem Autoverkehr weichen.

Top: The drawn view of town by the Town-Clerk Conrad Gier in 1729.

Left: The Dullenturm had to make space for motor traffic.

Seite 53: Ein Stück Stadtmauer mit Schalenturm und Wassergraben.

Page 53: A part of the town hall with flanking tower and moat.

Mehr als 30 Schalentürme in einer etwa 5 Meter hohen Mauer umgaben die Stadt bis gegen Ende des 19. Jahrhunderts. Natürlich engte diese Stadtbefestigung die sich entwickelnde Bautätigkeit und den Verkehr ein, und so sind nur wenige Reste erhalten geblieben.

More than 30 flanking towers in a wall of 5 m height surrounded the city till the end of the 19th Century. Of course, these fortifications were limiting the progressive building activities and the traffic. That is why only a few rest as such at the outwork have outlasted.

Lustgarten

Vor etwa 300 Jahren wurde unterhalb des Schlosses ein Landschaftspark mit einem kleinen Lustschloß angelegt. Im Lustgarten, der später zu einem englischen Landschaftspark umgestaltet wurde, steht auch das barocke Gebäude der Orangerie, das später die fürstliche Bibliothek aufnahm. Um 1750 gab es Pläne, das Lustschloß zu erneuern und zu erweitern, die jedoch nicht zur Ausführung kamen, weil der Graf die Gelder nach dem Stadtbrand von 1751 für den Wiederaufbau des Burgstraßenviertels zur Verfügung stellte. Die Orangerie beherbergte die umfangreiche Bibliothek, die durch aktive Sammeltätigkeit der Grafen über sehr bedeutende Bestände, besonders über eine der größten deutschen Bibel- und Gesangbuchsammlungen, verfügte. Leider mußte sie um 1930 beim Konkurs des Hauses Stolberg verkauft werden; die Reste wurden nach dem II. Weltkrieg nach Halle und in die Ukraine abtransportiert, von wo es derzeit nur vage Nachrichten über den Verbleib gibt. Heute ist in dem großen Gebäude ein Teil des Landeshauptarchivs Sachsen-Anhalt untergebracht. Der Besucher des Lustgartens kann sich an den alten Bäumen, den gepflegten Wegen und der schönen Aussicht auf das Schloß, die Stadt und das Panorama des Harzes erfreuen.

Das Löwentor wurde durch Bomben beschädigt, und erst in jüngerer Zeit konnten die Sandsteinlöwen wieder komplettiert werden. Von den kleinen barocken Plastiken, die früher den Park belebten, ist nur noch eine einzige Putte vorhanden; im Zuge der Umgestaltung im 18. Jahrhundert wurden sie verkauft.

Lustgarten

Some 300 years ago a country park with a small so-called Lustschloß was established at the foot of the castle hill. In the Lustgarten that was modified to a park of English style later on, the Baroque building of the Orangerie is located that accommodated the princely library at a later point of time. By 1750 plans were made to renew and to extend the Lustschloß, but those could not be realised, because the prince gave the money for the reconstruction of the Burgstraßen District after the great fire of 1751. The Orangerie accommodated a wide-ranged library that owned one of the most complex German collection of bibles and hymn books. The Count had been a passionate collector and his collection activities provided the very significant stocks. Unfortunately it had to be sold on the bankruptcy of the Haus Stolberg by 1930; the remaing parts were transported to Halle and to the Ukraine. Information regarding the where abouts are only vague. At present a part of the main archive of the Land Saxony-Anhaltina is located in the large building. The visitor of the Lustgarten can enjoy the old trees, the well cared-for ways and the splendid view to the Castle, the city and the panorama of the Harz Mountains.

The Löwentor has been damaged by bombs and only in present time, the lions made of sandstone could be completed. Of the small Baroque statues that enriched the park in former times only one putto has left; the others were sold during the reorganisation in the 18th Century.

Seite 57: Das große Barock-Gebäude im Lustgarten beherbergte lange Zeit die gräfliche Bibliothek.

Page 57: The large Baroque building in the Lustgarten accommodated the princely library for a long time.

Im Lustgarten, einem Landschaftspark aus dem 18. Jahrhundert, sind viele seltene Bäume und Pflanzen zu bewundern. Außerdem lädt der Park zum Verweilen ein und bietet reizvolle Aussichten.

In the Lustgarten, a country park out of the 18th Century, visitors admire the many rare species of trees and plants. The parks invites to take a rest and offers attractive views to the Castle.

Schloß

Das Schloß Wernigerode ist, wie Schloß Neuschwanstein in Bayern, ein „Märchenschloß“ im Stile des ausgehenden 19. Jahrhunderts. Graf Otto zu Stolberg-Wernigerode hat es von 1862 bis 1883 sanieren und grundlegend umbauen lassen. Es wurde von einem Wohnschloß zu einem repräsentativen, der Bedeutung des Hauses Stolberg-Wernigerode angemessenen Fürstensitz umgestaltet.

Das alte Barockschloß, aus einer Festung entstanden, befand sich damals in sehr schlechtem Zustand, es gab nur kleine Räume, die zudem schlecht beheizbar waren. Die Öfen sollen geraucht und durch die Fenster soll es gezogen haben. Graf Otto verpflichtete den jungen Blankenburger Baumeister Karl Frühling, der beim Umbau Mauern und Türme, Schießscharten und Bauweisen des Mittelalters ebenso verwendete wie Bauformen der Renaissance. Er versuchte auch, wichtige Teile des alten Bauwerks in den Neubau zu integrieren. Der Umbau und die Inneneinrichtung kosteten damals etwa fünf Millionen Gold-Mark, was einem heutigen Wert von mehr als 100 Millionen DM entsprechen würde. Vorwiegend einheimische Handwerker haben in den mehr als zwanzig Jahren Bauzeit eine bewundernswerte, qualitativ hochwertige Arbeit geleistet. Und vom guten Verhältnis zwischen dem Bauherrn und dem Architekten zeugt die Tatsache, daß ein geschnitztes Porträt Karl Frühlings im Innenhof zu finden ist.

Schon 1932 wurde das Schloß teilweise zur Besichtigung freigegeben. Nach dem Weltkrieg diente es als Depot für Kunst- und Kulturgüter

Castle

The Wernigerode Castle is, like Neuschwanstein Castle in Bavaria, a fairy tale castle in the style of the end of the 19th Century. Count Otto zu Stolberg Wernigerode had it renovated and reconstructed from 1862 to 1883. It had been changed from a castle to live in to a seat worth to represent in an adequate way the noble family of Stolberg-Wernigerode.

The old Baroque Castle , originally an old citadel, was in a bad condition in those times. There were only small rooms that could not be heated well. The ovens were told to have smoked and the windows were not airtight. Count Otto employed the young builder Karl Frühling from Blankenburg for reconstruction works. This one applied the walls and towers, loopholes and Middle Age constructional forms as well as the constructional style of the Renaissance. He also tried to integrate important sections of the old building into the new construction. The reconstruction and the interior equipment cost about 5 millions gold-marks that corresponds to a this day's value of more than 100 million deutschmarks. The majority of the craftsmen were local people that performed an admirable, high quality work within a building time of more than 20 years. A carved portrait of the Karl Frühling in the inner courtyard tells of the good relationship between owner and architect.

Already in 1932 it was possible to visit the Castle. After the world war it served as depot for the region's art and cultural goods, coming from the noble houses and castles of the surrounding lands.

Von der Schloßterrasse hat der Besucher einen imposanten Blick auf die Stadt und den Brocken.

From the Castle's terrace the visitor has got an impressive view to the city and the Brocken

Seite 63: Das Luftbild zeigt die Mauerringe der ehemaligen Festung.

Page 63: The aerial view shows the wall rings of the former fortress.

der Umgebung, aus den Herrenhäusern und Schlössern des Umlandes. Dann nutzte man es als Feudalmuseum, und seit 1954 enwickelte es sich unter sachkundiger Leitung zu einem der meist besuchten Schlösser der DDR. Neben wissenschaftlicher Arbeit zur Erforschung der Geschichte der Grafschaft Wernigerode, der Glasbläserei, des Kunsthandwerks, der Landschaftsmalerei, um nur einige Themen zu nennen, wurde auch einiges zur Erhaltung der historischen Räume und der Bausubstanz getan. Jetzt werden Einrichtung und Innenausstattung der Umbauzeit um 1880 weiter restauriert. Das Schloß Wernigerode soll sich zu einem Zentrum zur Erforschung des 19. Jahrhunderts entwickeln. Für den Besucher erscheint das Schloß zunächst als eine recht verworrene Menge von Mauern, Türmen und Gebäuden. Bei näherer Betrachtung erkennt man die Struktur der alten Festung, die durch mehrere Mauerringe geschützt war. Bevor man die eigentliche Burg erreicht, müssen steile Wege überwunden werden. Der Zugang zum Haupteingang führt heute durch einen Tunnel unter der großen Terrasse hindurch. Dieser Tunnel, wie auch die große Terrasse, wurde allerdings erst beim letzten Umbau geschaffen. So ist auch das gefährlich aussehende Falltor zum Glück nur Attrappe. Der Schusterturm direkt daneben stammt allerdings aus der Erbauungszeit.

Vom Schloß Wernigerode gehen vielerlei kulturelle Aktivitäten aus. In den Sommermonaten finden im Innenhof Konzerte statt, das Philharmonische Kammerorchester führt jedes Jahr eine Oper auf, im Festsaal und in der Halle gibt es Vorträge zu Themen des 19. Jahrhunderts.

Then it was used as a feudalistic museum and from 1954 on, it was developed under expert direction to one of the most visited castles of the former GDR. Beside scientific work for the exploration of the County of Wernigerode's history, glaziery, industrial art and landscape painting – only to mention a few – quite a lot was done to maintain the historic rooms and the built volumes. Now furniture and interior equipment dating back to reconstruction period of 1880 are continued to be restored. It is planned to develop the Wernigerode Castle as a research centre for the 19th Century. At first sight the visitor experiences the castle as being a confused multitude of walls, towers and buildings. Looking more precisely he is able to discover the structure of an old fortress that has been protected by several wall rings. Before reaching the actual castle steep ways have to be coped with. The access to the main entrance leads through a tunnel under the great terrace. This tunnel as the great terrace were however constructed during the last reconstruction. So the dangerous looking trap-door is only an dummy. The Schusterturm just aside , however, dates back to the building time.

Various cultural activities have had its origin at the Wernigerode Castle. In the summer month concerts are taking place in the inner court, the Philharmonische Kammerorchester shows an opera every year, in the banqueting hall and the hall pleadings to issues of the 19th Century are held.

In der „Großen Halle“, einem der gemütlichsten Wohnräume des Schlosses, bewundert man die original erhaltenen Fenstergewände der Renaissance ebenso, wie den Kamin, die Kassettendecke und die Wandtäfelungen. Der Festsaal ist der größte Raum des Schlosses.

In the “Great Hall” one of the most comfortable living rooms of the Castle the visitor admires the originally preserved window wrappings of the Renaissance as well as the fireplace, the special ceiling and the wall panelling.

Der Schloßhof wird in den Sommermonaten für Konzerte und auch Opernaufführungen genutzt und stellt eine romantische Kulisse dar.

Rechts: Die Schloßkirche nach Entwürfen des Wiener Architekten Friedrich Schmidt ist das bedeutendste Gebäude des Umbaus im 19. Jahrhundert.

The Castle's court, providing a romantic side-scene, is used for concerts and opera performances in the summer.

Right: The Castle's Church according to the design of the architect Friedrich Schmidt from Vienna is the most significant building of the reconstruction in the 19th Century.

Wie Spielzeug sieht die Stadt aus der Luft aus.

An aerial view of Wernigerode.

1. Rathaus
2. Hotel „Gothisches Haus"
3. Hotel „Weißer Hirsch"
4. Café Wien
5. Schiefes Haus mit Blumenuhr
6. Haus Gadenstedt
7. St. Sylvestrikirche
8. Liebfrauenkirche
9. St. Johanniskirche
10. Marienkirche
11. Kreuzkirche
12. St. Theobaldi-Kapelle
13. Westerntor
14. Halbschalenturm am Vorwerk
15. Wallgraben mit Turm
16. Kleinstes Haus
17. Nikolaiplatz
18. Tourist-Information
19. Krummelsches Haus
20. Ältestes Haus
21. Museum Krellsche Schmiede
22. Harzmuseum
23. Schloß

Am Galgenberg
Dornbergsweg
Am Katzenteich
Schlachthofstraße
Im Stadtfeld
Holtemme
Feldstraße
Bahnhof
Kleine Dammstraße
Breitscheid-straße
Schreiber-straße
B 244
Schmatzfelder Straße
Minslebener Straße
Wegestraße
Halberstadt, Blankenburg, Quedlinburg
Kohlgartenstraße
B 6
Halberstädter Chaussee
B 244/B 6
Vor der Mauer
Bahnhofstraße
Ochsen-teichstr.
Waldhofstr.
Georgii-straße
Plemnitz-straße
Bodestraße
B 244/B 6
Alte Poststr.
B 6
Goslar, Bad Harzburg, Ilsenburg
Ilsenburger
Kantstraße
Am Auerhahn
Holtemme
Kruskastraße
B 244
Straße
Goethestraße
Kesselmühlenstr.
Friedrichstraße
An der Malzmühle
Sägemühlengasse
Salzbergstr.
B 244
Auf der Marsch
Forckestraße
An der Flutrinne
Kanzleistr.
Johann
Sebastian - Bach - Straße
Zillierbach
Schöne Ecke
Burg-straße
Nöschenröder Straße
B 244
Elbingerode
Lindenbergstraße
Promenade
Degenerstraße
Ewaldsweg
Kreuzberg
Krausestraße
Schmidtstr.
Bleek
Am großen
Grüne Straße
Mauergasse
Pfarrstraße
Albert-Bartels-Straße
Hirtenstraße
Neuer Markt
Pfarrstraße
Kuhgasse
Grüne Straße
Brandgasse
Johannis-straße
Breite Straße
Lindenallee
Grubestraße
Schäferstraße
U. d. Küchengarten
Große Schenkstr.
Bahnhofstraße
Gustav-Petri-Straße
Zindeln
Ringstraße
Nikolai-platz
Große Bergstr.
Kl. Schenkstr.
Steingrube
Rathenau-Straße
Lindenallee
Am Lustgarten
Lindenallee
Walther-Rathenau-Straße
Ringstraße
Hinter-straße
Mittel-straße
Heidestraße
Breite Straße
Unter den
Unterengengasse
Burgstraße
Büchtingenstraße
Kleine Bergstraße
Vorwerk
Westernstraße
Markt-platz
Kochstraße
Klint
Oberengengasse
Vorwerk
Teichdamm
Marktstraße
Kanzleistr.
Kochstraße
Liebfrauen-kirchhof
Büchtingen-straße
Burgberg
Schloßchaussee
Am Schloß
1
2
3
4
5
6
7
8
9
10
11
12
13
14
15
16
17
18
19
20
21
22
23
© Nordharzer Druckerei

Im gleichen Verlag erschienen

Harz
Broschur ....ISBN: 3-928728-16-4. ....121 farb. Abb..........108 Seiten **DM 16,80**
Der Brocken
Broschur ....ISBN: 3-928728-26-1.. ....112 farb. Abb............96 Seiten **DM 16,80**
Bergwerke & Höhlen im Harz
Broschur ....ISBN: 3-928728-24-5.............103 farb. Abb..........108 Seiten **DM 16,80**
Nationalpark Hochharz
Broschur ....ISBN: 3-928728-00-8...............57 farb. Abb............60 Seiten **DM 10,00**
Goslar
Buch ....ISBN: 3-928728-01-6.............141 farb. Abb..........168 Seiten **DM 29,80**
Goslar
Broschur ....ISBN: 3-928728-28-8.............106 farb. Abb............96 Seiten **DM 16,80**
Wernigerode
Buch ....ISBN: 3-928728-05-9.............150 farb. Abb..........144 Seiten **DM 14,80**
Quedlinburg
Buch ....ISBN: 3-928728-02-4.............177 farb. Abb..........156 Seiten **DM 19,80**
Brandenburg
Broschur ....ISBN: 3-928728-14-8...............97 farb. Abb............96 Seiten **DM 14,80**
Stolberg
Broschur ....ISBN: 3-928728-13-X...............93 farb. Abb............96 Seiten **DM 14,80**
Mit Volldampf auf den Brocken
Buch ....ISBN: 3-928728-03-2.............139 farb. Abb..........144 Seiten **DM 29,80**
Schmalspurbahnen im Harz
Broschur Band 1.....ISBN: 3-928728-11-3...............80 farb. Abb............96 Seiten **DM 16,80**
Mit Volldampf auf den Brocken
Broschur Band 2.....ISBN: 3-928728-17-2...............90 farb. Abb............96 Seiten **DM 16,80**
Die Selketalbahn im Harz
Broschur Band 3.....ISBN: 3-928728-25-3...............95 farb. Abb............96 Seiten **DM 16,80**
Burgen und Schlösser im Harz
Broschur ....ISBN: 3-928728-31-8...............76 farb. Abb............96 Seiten **DM 16,80**

ISBN 3-928728-39-3

ISBN 3-928728-41-5

ISBN 3-928728-12-3

NEU! Broschuren

ca. 80 farb. Abb. je 80 Seiten **DM 9,80**

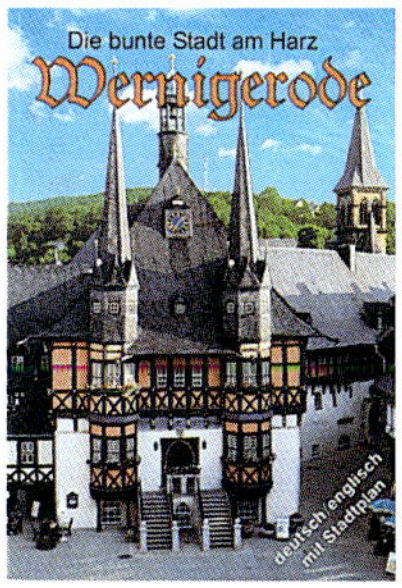

ISBN 3-928728-30-X

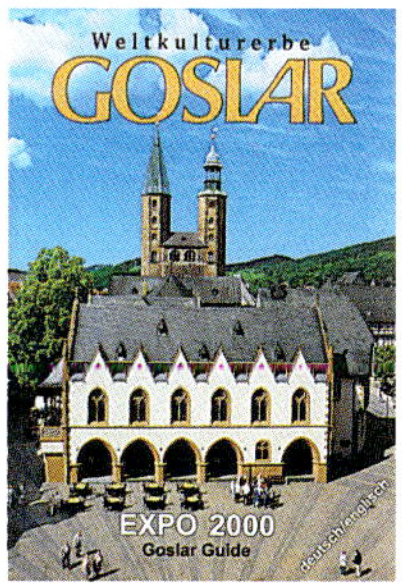

ISBN 3-928728-27-X

ISBN 3-928728-29-6

ISBN 3-928728-23-7

ISBN 3-928728- 40-7

Inhaltsverzeichnis	Contents	Seite/Page